FRANCE ET EUROPE

EN 1882

OÙ ALLONS-NOUS?

PAR L'AUTEUR DE

LA RUSSIE ET L'EUROPE EN 1879

(G.-A.)

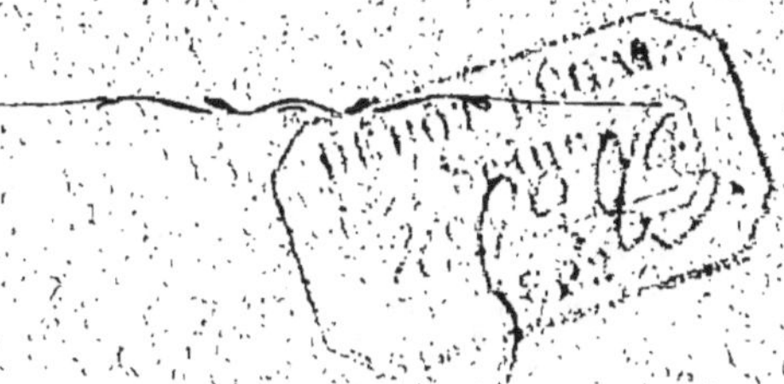

PARIS

DENTU, LIBRAIRE-ÉDITEUR

9, 15, 17, 19, GALERIE D'ORLÉANS (PALAIS-ROYAL)

—

1882

FRANCE ET EUROPE

EN 1882

OÙ ALLONS-NOUS ?

Il y a quelques années, nous abordions, dans une brochure, la politique qui convenait le mieux à la France, au milieu du chassé-croisé auquel se livraient tous les gouvernements avec leurs diplomates, le jour où l'Angleterre s'emparait de Chypre, purement, simplement et sans que personne protestât, pas même la cour de Constantinople.

Allons-nous, aujourd'hui, assister à une nouvelle occupation anglaise dans la Méditerranée ? Le sans-gêne de cette nation va-t-il lui suffire pour rester la maîtresse absolue de l'Egypte ? Il nous sera bien permis d'en douter, au moins pour le moment, et cependant . . . .

Nous ne retracerons pas les événements qui viennent de surgir avec une précipitation qu'il ne nous appartient pas encore de qualifier, mais nous dirons à tous ceux qui les ont provoqués, et avec la plus grande franchise, où ils vont, où ils nous mènent.

Sans respect pour rien, les Anglais bombardent et brûlent Alexandrie, débarquent leurs troupes et s'installent dans les villes, fusillent ceux qui leur opposent la moindre résistance, et cela au nez de l'Europe, qui continue ses conférences à Constantinople.

La Turquie, qui ne veut pas perdre sa suzeraineté sur l'Egypte, proteste aujourd'hui, et c'est elle qui, par ses procédés, a provoqué la conduite des Anglais. Quand on a vu, il y a quatre ans, l'occupation de Chypre, on peut se demander s'il n'y a pas encore une entente secrète avec la Porte pour l'invasion actuelle de l'Angleterre sur le territoire du canal de Suez. Les hésitations du sultan, ses tergiversations, nous autorisent à craindre de nouvelles surprises. Le sultan est-il seul à conduire les fils de cette cruelle comédie ?

Si nous nous bornons à cette dernière interrogation, ce n'est pas par un sentiment de crainte que nous sommes poussés. Nous ne cherchons pas à découvrir une trame qui veut rester dans l'ombre. Elle nous importe peu.

La possession momentanée de l'Egypte par des Anglais ou par d'autres ne change pas la question d'Orient. Ce n'est pas en faisant déplacer la lutte qu'on arrivera plus vite à trancher cette question de nationalité.

Les clairvoyants en politique rient des efforts incessants de ces grands maîtres, qui croient à la crainte qu'ils s'évertuent d'inspirer.

Les questions ne nous ont certes pas manqué depuis un demi-siècle, mais celle qui nous offre les dénouements successifs les plus étonnants, les plus inattendus, est bien celle qui transporte la lutte à gauche ou à droite sans arriver à une solution satisfaisante pour personne. Après l'Herzégovine, la Bosnie ; après la Bosnie, l'Egypte !

Malgré tout, la question d'Orient reste debout, rien n'est résolu, et personne ne peut prévoir si la conduite des Anglais ne va pas provoquer un embrasement général où, sous prétexte de question de Suez, la question italienne, la question romaine et les autres ne vont as venir s'entrechoquer.

La Russie poursuit quand même sa marche, elle obéit toujours aux injonctions de ce fameux testament de Pierre le Grand.

Le testament dit :

... § III. — La Russie saisira toutes les occasions de prendre part aux événements et complications de l'Europe, et surtout à ceux de l'Allemagne qui, en tant que pays le plus voisin, a droit à un intérêt plus direct.

Eh bien, n'avons-nous pas vu la Russie se retirer d'abord de la conférence de Constantinople, et y revenir ensuite? Est-ce l'attitude de l'Angleterre ou celle de la Turquie qui a fait décider ce retour?

D'un autre côté, la Russie ne commencerait-elle pas à s'inquiéter de l'ingérence de la Prusse dans les affaires d'Orient et dans celles de la Porte en particulier, dont elle dirige toutes les allées et les venues?

M. le prince de Bismarck a beau ne rien dire personnellement, ne déplacer aucun de ses canons, il n'en est pas moins visible que son influence et ses conseils conduisent la Turquie, au travers de toutes ces combinaisons d'intervention armée ou de non-intervention en Egypte, soit avec l'Angleterre, ou peut-être, à un moment donné, contre cette dernière avec Arabi et son armée insurgée.

Toutes les suppositions sont possibles en présence de pareilles hésitations plus ou moins calculées ou commandées.

L'Autriche ne dit rien. Elle marche en avant, occupe des territoires enlevés au sultan, elle tend la main à la Russie, à la Prusse, à l'Italie. Elle connaît les convoitises de la Prusse, elle n'ignore pas celles de l'Italie à l'endroit du Trentin et de Trieste, et, malgré tout, elle continue des annexions successives qui l'agrandissent du côté du Sud-Est, sur l'Adriatique.

Cette continuation d'annexions, d'occupations militaires, est-elle une tactique entendue avec l'Allemagne, en vue de déposséder successivement la Turquie de ses provinces européennes, au profit de l'Autriche, qui, pour ces bénéfices territoriaux, accepterait cette espèce d'alliance tacite avec l'Empire allemand, alliance qui jusqu'ici ne se manifeste que par des visites impériales et des poignées de main de souverains ?

Cette tactique, qui est contre les intérêts les plus considérables que la Russie ait du côté de la mer Noire, vient-elle d'être découverte par elle, et n'est-ce pas là un des motifs qui viennent de la ramener dans les séances de cette fameuse conférence de Constantinople dite *de l'intervention !*

C'est que, le jour où l'Autriche descendrait jusqu'à l'embouchure du Danube sur la mer Noire, le tour serait joué. Les principautés, la Serbie et ses voisines, alors bornées au nord par l'Autriche, se trouveraient à la merci pour ainsi dire de cette dernière et réduites à une vie secondaire, et pour ainsi dire autorisée, jusqu'au jour où une nouvelle phase de cette question d'Orient viendrait tout remettre en jeu et autoriser l'Autriche, toujours pour LE SALUT DE L'EUROPE, à entrer dans ces provinces, afin de les aider à une pacification plus ou moins en vue, et à s'y établir définitivement.

Quelle serait alors la compensation que l'Autriche accorderait à l'Empire allemand pour un appui aussi considérable et pour un pareil service ?

Il ne faut pas perdre de vue que ce qui se passe laisse le champ libre à toutes les suppositions.

La Turquie disparaîtra-t-elle de la carte d'Europe, et cela au profit de l'Autriche ? Toute la question est là.

Ce qui autorise cette supposition, même cette question, c'est le silence de l'Autriche elle-même, et qui, malgré tout, marche et s'établit d'abord sur les anciennes provinces turques de l'Adriatique, en attendant qu'elle puisse entrer de l'autre côté en Moldavie, sous un prétexte et à la suite d'une occasion quelconque, et s'y établir en descendant le Danube jusqu'à la mer Noire.

L'Italie a refusé d'intervenir à Alexandrie avec l'Angleterre et la France. Maintenant, son ambassadeur à la conférence de Constantinople, M. Corti, veut bien nous faire connaître que l'Italie accepte de participer à l'intervention générale.

L'Italie a donc quelque bénéfice en vue ?

Ne nous arrêtons pas, du reste, trop longuement sur ce que peut avoir à gagner l'Italie un jour à refuser et le lendemain à consentir à entrer dans la danse que nous prépare le grand, le merveilleux concert européen, qui jusqu'ici ne nous a fait entendre qu'une série de notes toutes plus discordantes, plus fausses les unes que les autres.

Ce qu'il convient surtout de constater, c'est que la Russie intervient, l'Autriche aussi, l'Italie s'arme *pour intervenir*. La Turquie envoie des commissaires, et aujourd'hui Dervisch-Pacha part avec des troupes sur le yacht *Stamboul*, où est son état-major, à destination d'Alexandrie.

Est-ce là la fin de cette nouvelle scène d'un des actes de cette fastidieuse comédie appelée : La question d'Orient ?

Cette intervention, imposée en quelque sorte par le fameux concert *des diplomates*, ne va-t-elle pas nous ménager une nouvelle surprise ?

En bombardant Alexandrie, les Anglais donnent-ils leur dernière note afin de relever le khédive et de rétablir le *statu quo ante*; ou sont-ils les précurseurs d'une lutte nouvelle, peut-être générale, dont la rivalité d'Arabi ne va servir que de prétexte, pour la plus grande gloire de ces pasteurs des peuples, qui recherchent pour tendre leurs lignes les encoignures des ponts tournants et les tourbillons en eau trouble ?

Le concert réuni à Constantinople nous servira peut-être avant peu une de ces mélodies funèbres où le bon vin et la bonne chère fourniront les notes du refrain des soudards en quête de belle aubaine.

Donc tous interviennent ou vont intervenir, et Arabi les attend.

La France aussi a failli intervenir. Le vote sur les millions à dépenser pour être la dupe des chefs d'orchestre de ce grand concert européen a coupé court l'élan belliqueux qui allait entraîner nos soldats du côté de ces immortelles Pyramides, où il ne doit bientôt plus rester que trente-neuf siècles à contempler notre chauvinisme passablement fourbu.

si je puis m'exprimer ainsi sur un sentiment qui a autrefois contribué à illustrer les plus grandes pages de notre histoire militaire.

Hélas! notre chauvinisme disparait, et avec lui, malheureusement, notre esprit d'abnégation militaire. Nous n'avons pas une armée comparable à celles de Crimée et d'Italie. Nous n'avons même pas une loi militaire encourageante.

* *

Est-ce avec des soldats de trois ans, des sous-officiers désireux de quitter les drapeaux pour reprendre le paletot, qui n'a plus besoin d'une permission de dix heures pour pouvoir noctambuler à loisir? Est-ce, dis-je, avec de semblables éléments de combat que certains de nos honorables voulaient nous forcer d'aller dérider ces malheureux quarante siècles qu'Ali-Bonaparte a accrochés si facilement au sommet de ces vieilles sépultures des Pharaons? Il faut vivre au siècle où nous sommes pour constater que depuis plus de dix ans nous piétinons sur place, que depuis plus de dix ans nous entendons parler de réformes, d'améliorations, d'avantages immenses, etc., que la République et les républicains doivent nous apporter, et cependant, nous attendons encore.

* *

Si une complication diplomatique, si un conflit quelconque, semble nous toucher, alors toutes les trompettes des peureux et des gorgés donnent

du son et nous crient invariablement : — *Gare!
Voyez-vous l'Allemagne, n'apercevez-vous pas
Bismarck?* Et alors tous se taisent et attendent bé-
névolement que les trompettes soient rentrées dans
le silence.

. . . .

Les soldats alors continuent leurs trois ans de
service, les sous-officiers continuent à quitter leurs
régiments ; les officiers, eux, travaillent conscien-
cieusement comme s'ils avaient des soldats aguerris,
et attendent de meilleurs jours et de meilleurs juges,
pour se faire apprécier.

Dans le pays, c'est bien une autre chanson ; on rit
de tout, on ne prend rien au sérieux, on assiste im-
passible aux culbutes ministérielles, on lit les journaux qui se disputent sur des individualités et des
coteries, le temps passe à ne rien faire, et si quelque soupçon de bruit de guerre ose se faire entendre, on tombe alors à coups d'épigrammes plus ou
moins sensés sur le dos de ceux qui veulent bien,
par patriotisme, accepter le dur labeur de nos affaires,
sachant d'avance qu'ils n'auront pour toute ré-
compense que d'amers sarcasmes ou des chansons
pleines de criailleries aussi idiotes qu'injustes.

Nous sommes, en France, dans l'âge bête! Nous
lisons de grands mots sur de grandes affiches et
nous ne nous donnons pas la peine d'en étudier la
valeur, ni souvent même toute la signification.

Si on parle de nouvelles inventions meurtrières
pour le service des armées de l'avenir, nous deve-

nons grotesques, et alors nous enfourchons le dada des mauvais jours, la *Marseillaise*, ou bien : *Mourir pour la Patrie!*..... et quand un ministère quitte la gestion difficile de nos affaires, alors on rit de ceux qui partent et on use sa cervelle en création de cabinets : on se les montre on les discute et on se promet de les renverser à leur entrée à la Chambre.

Est-il bien encourageant pour des hommes de valeur de se voir caricaturés à la vitre de tous les marchands de journaux, de s'entendre discutés et appréciés d'avance par ce bon petit peuple qui s'amuse de tout ?

*

Oui, la France a failli intervenir, mais soyez sans crainte, elle n'interviendra pas.

La guerre !... Est-ce que vous plaisantez? Et les loyers qui ne se paieraient plus? Que diraient ou plutôt que ne diraient pas les bons propriétaires de ces belles propriétés, si avantageusement situées, et vidées si lestement au moindre bruit de guerre?

La guerre !... Allons donc, jamais! La France doit se recueillir, et pendant longtemps encore, avant de songer à nous lancer dans une nouvelle aventure.

Alors, pas de guerre. C'est convenu.

Me direz-vous maintenant à quoi va servir la réorganisation des tambours? Nous n'en avons plus besoin, pas plus que d'armée, pas plus que de généraux, de colonels ou de caporaux, pourquoi entretenir tout ce monde, les habiller, leur prêter des fusils si on ne doit s'en servir jamais? Nous n'avions pas besoin de fournir des drapeaux tout neufs à des régiments français, si ces mêmes drapeaux doivent rester éternellement dans leurs beaux étuis, en cuir noir, bien vernis.

Et c'est là la réorganisation de la France! Et il y a onze ans qu'on travaille à cette réorganisation, à cette régénération!

Où irons-nous, grand Dieu, si cela continue?

Allons, mes braves gens, sincères républicains, vous avez assez crié, dans le temps, contre le népotisme royal et impérial; que faites-vous maintenant? L'imitez-vous assez complètement, ce bon vieux temps?

Vous ne voulez plus de guerre, parce que vous doutez de vous. Vous abattez comme Tarquin toutes les têtes qui pensent, qui ont de la valeur, pour qu'il n'y ait plus de terme de comparaison possible entre ceux qui vous domineraient de toute la hauteur de leur génie et vous, qui seriez forcés de leur obéir. Mais vous conserverez assez d'injuste rage pour chercher à les amoindrir, et c'est tout ce que vous pourrez faire contre eux.

Il est bien plus facile d'abattre.

Ce ne sont pas les ministères ni les ministres qui

vous ont manqué, ni les présidents du Sénat, ni ceux de la Chambre législative. Vous avez eu trois présidents de la République, vous avez eu déjà trois législatures différentes par des élections générales.

Où en êtes-vous, où irez-vous ?

Non, certes, vous ne vous mêlerez pas du conflit égyptien, et pour cause. Vous en avez assez de Tunis, et vous prévoyez ce que le fanatisme musulman vous réserve, depuis la régence de Tripoli jusqu'à la frontière du Maroc.

D'un autre côté, à l'intérieur, n'allez-vous pas arriver malgré vous à de nouvelles élections ? La dissolution ne s'impose-t-elle pas malgré votre désir de survivre aux ministères que vous avez si gentiment rendus impossibles et impuissants ?

Vous riez de ces culbutes ! Pendant ce temps-là, les Anglais vont affirmer leur domination sur un pays où votre commerce et votre influence sont à jamais compromis.

Les Russes se préparent aux éventualités qui peuvent suivre les décisions de la conférence, l'Italie s'arme, l'Autriche est sur le pied de guerre, la Turquie elle-même embarque des troupes pour Alexandrie, l'Espagne envoie sa frégate la *Carmen* ; la France seule désarme ses navires et renvoie ses marins, la Prusse regarde et fait en même temps manœuvrer les cabinets qui lui abandonnent, par calcul ou par faiblesse, la direction de leurs affaires extérieures,

Que va devenir le prestige qui nous tenait tant au cœur et dont nous étions si fiers

Nous aurons donc tout perdu, parce que tout le monde commande, parce que le système parlementaire exige des débats, des commissions, des sous-commissions, des comités, des sous-comités, et enfin tout ce qu'il faut pour arrêter absolument ce qui pourrait marcher sans ces retards et ces discussions!

Où sont vos lois sur l'armée, sur la presse, sur la magistrature, sur l'enseignement, même sur le divorce? — Nous les attendons depuis onze ans.

Croyez-vous que vos électeurs, messieurs nos députés, vont se payer une autre fois de belles promesses et de beaux discours? Ne redoutez-vous pas que toutes vos discussions inutiles aient amoindri votre influence et fait la part belle à vos compétiteurs radicaux ou monarchiques?

Vous avez voulu l'abstention complète, absolue dans l'intervention, décidée en principe par la conférence de Constantinople, et, pour ne pas vous déjuger immédiatement, vous vous préparez à prendre des vacances! Vous vous en remettez à un ministère que vous ne connaissez pour ainsi dire pas!... C'est assez commode!!!

Si vis pacem, para bellum!

—

Croyez bien, messieurs nos députés, que ce n'est ni le moment d'oublier ce conseil, ni celui de vous éterniser dans des luttes de personnalités, et encore moins celui de désarmer nos cuirassés.

Notre attitude intérieure est loin de nous attirer les sympathies et l'alliance de qui que ce soit. Nous avons longtemps passé pour un peuple léger, mais on nous reconnaissait alors les mérites de nos défauts. Aujourd'hui quelles qualités peut-on nous accorder ?

Voici ce qu'il ne faut pas perdre de vue :

L'Angleterre s'empare tout bonnement de l'Égypte.

La Russie est prête pour toutes les éventualités qui peuvent surgir.

L'Autriche regarde et occupe les territoires turcs de l'Adriatique; elle est sur le pied de guerre depuis près de quatre ans.

L'Allemagne n'a pas amoindri ses effectifs ni diminué la durée du service militaire chez elle.

L'Italie s'arme et se dispose à suivre les grandes puissances dans le mouvement général.

— 15 —

La Turquie elle-même trouve encore des hommes pour les embarquer pour Alexandrie.

La France . . . . ?

Vous, messieurs nos députés, vous partez en villégiature.

En 1870, un ministre nous a lancés contre l'Allemagne, et cela d'un cœur léger! Vous, messieurs, vous ne vous lancez dans rien, il est vrai, mais vous allez vous reposer, vous prenez des vacances.

Le drapeau de la France doit rester au fourreau, pendant l'ouverture de la chasse qui a lieu prochainement et que les affaires en bourse sont au grand calme, encore pour deux mois.

Allez, messieurs ; à votre retour, vous trouverez la dissolution devant vous à l'intérieur, et peut-être une conflagration européenne à vos portes.

Croyez-vous que les électeurs l'oublieront ?

Le pays pense, et pendant que vous allez prendre un repos, ne reconnaîtra-t-il pas qu'en partant vous ne laissez que compétitions à l'intérieur avec le ministère que nous venons de voir si péniblement constitué, et une question de la plus haute gravité à la porte presque de nos frontières algériennes. Allez, messieurs, on vous tiendra compte de vos fatigues.

PARIS. — IMP. LAPIROT ET BOULLAY, 9, COUR DES MIRACLES